Christian Roos

Gegenwärtige Entwicklungen in wissenschaftlichen Netzwerken

Eine Analyse von Scientific Communities im Zeitalter von Web 2.0, Social Networks und Business-Plattformen

GRIN Verlag

Bibliografische Information der Deutschen Nationalbibliothek:

Die Deutsche Bibliothek verzeichnet diese Publikation in der Deutschen National-
bibliografie; detaillierte bibliografische Daten sind im Internet über http://dnb.d-
nb.de/ abrufbar.

Dieses Werk sowie alle darin enthaltenen einzelnen Beiträge und Abbildungen
sind urheberrechtlich geschützt. Jede Verwertung, die nicht ausdrücklich vom
Urheberrechtsschutz zugelassen ist, bedarf der vorherigen Zustimmung des Verla-
ges. Das gilt insbesondere für Vervielfältigungen, Bearbeitungen, Übersetzungen,
Mikroverfilmungen, Auswertungen durch Datenbanken und für die Einspeicherung
und Verarbeitung in elektronische Systeme. Alle Rechte, auch die des auszugsweisen
Nachdrucks, der fotomechanischen Wiedergabe (einschließlich Mikrokopie) sowie
der Auswertung durch Datenbanken oder ähnliche Einrichtungen, vorbehalten.

Impressum:

Copyright © 2011 GRIN Verlag GmbH
Druck und Bindung: Books on Demand GmbH, Norderstedt Germany
ISBN: 978-3-640-92858-3

Dieses Buch bei GRIN:

http://www.grin.com/de/e-book/172821/gegenwaertige-entwicklungen-in-wissen-
schaftlichen-netzwerken

GRIN - Your knowledge has value

Der GRIN Verlag publiziert seit 1998 wissenschaftliche Arbeiten von Studenten, Hochschullehrern und anderen Akademikern als eBook und gedrucktes Buch. Die Verlagswebsite www.grin.com ist die ideale Plattform zur Veröffentlichung von Hausarbeiten, Abschlussarbeiten, wissenschaftlichen Aufsätzen, Dissertationen und Fachbüchern.

Besuchen Sie uns im Internet:

http://www.grin.com/

http://www.facebook.com/grincom

http://www.twitter.com/grin_com

Universität Leipzig
Institut für Kommunikations- und Medienwissenschaft
Modul: 06-05-109 Politik und Ökonomie der Kommunikation
Seminar: Wissenschaftsverlage
Wintersemester 2010/2011

GEGENWÄRTIGE ENTWICKLUNGEN IN WISSENSCHAFTLICHEN NETZWERKEN –

Eine Analyse von Scientific Communities im Zeitalter von Web 2.0, Social Networks und Business-Plattformen

Hausarbeit

Christian Roos

B.A. Kommunikations- und Medienwissenschaft
3. Fachsemester

Abgabe: 31.03.2011

Inhaltsverzeichnis

0 Einleitung

„Seit einigen Jahren verändert sich das Internet immer auffälliger. Die Medien berichten über Communities, Plattformen und Netzwerke, in denen Nutzer meist ohne kommerzielle Anreize und Motive selbst Inhalte publizieren."[1] Diese Entwicklung ist keinesfalls abzustreiten. Dennoch wirft sich in diesem Zusammenhang die Frage auf, ob Communities, Plattformen und Netzwerke im Zeitalter des Web 2.0 einen echten wissenschaftlichen Nutzwert besitzen oder ob von einer schlichten Ansammlung ungeprüften Wissens ausgegangen werden muss, an der sich beinahe jeder Internet-User beteiligen kann.

Im Folgenden soll analysiert werden, inwiefern Scientific Communities und der wissenschaftliche Austausch von diesen medialen Erscheinungen des Webs 2.0 profitieren können. Allerdings wird auch kritisch zu betrachten sein, welche Risiken die gegenwärtigen Entwicklungen für wissenschaftliche Netzwerke bergen. Doch der Schwerpunkt dieser Arbeit soll nicht allein auf dem Austausch von wissenschaftlicher Forschung beispielsweise in der Chemie oder Physik beruhen. Vielmehr wird auch zu analysieren sein, inwiefern Betriebe wie zum Beispiel Wissenschaftsverlage, ihre ökonomischen Ambitionen innerhalb des Wettbewerbes durch die Möglichkeiten des Webs 2.0 geltend machen und innovativ agieren können.

Das erste Kapitel soll zunächst einen Definitionsansatz der Scientific Communities, demnach der wissenschaftlichen Netzwerke ermöglichen. Daran wird sich eine kurze und prägnante Charakteristik anschließen, die einen Überblick über die wichtigsten Merkmale einer Scientific Community bieten soll.

Im zweiten Teil gilt es die Scientific Communities speziell in Zeiten des Internetzeitalters beziehungsweise der Online-Kommunikation zu analysieren. In diesem Kontext wird herauszustellen sein, welche Funktion dem sozialen Internet und dem Web 2.0 für den wissenschaftlichen Austausch widerfährt. Zudem soll untersucht werden, ob ohne das Medium Web 2.0 ein Austausch hochwertiger und innovativer wissenschaftlicher Erkenntnisse in der gegenwärtigen Entwicklung möglich wäre.

Einen weiteren Schwerpunkt im zweiten Gliederungspunkt wird die wissenschaftliche Betrachtung von Online-Communities einnehmen. Dabei sollen unter anderem On- und Offline Communities gegenübergestellt, deren Bildung, charakteristische Eigenschaften und die Mitgliedschaftsproblematik genauer beleuchtet werden.

---

[1] Komus, Ayelt; Wauch, Franziska: Wikimanagement. Was Unternehmen von Social Software und Web 2.0 lernen können. München; Wien: Oldenbourg Wissenschaftsverl. 2008, S. xix.

Im dritten Kapitel gilt es herauszustellen, ob die Verwendung von Online-Netzwerken für Scientific Communities zu befürworten oder abzulehnen ist. Insbesondere soll exemplarisch die Business-Plattform *xing.com* hinsichtlich ihres ökonomischen Nutzwertes für Betriebe untersucht werden. Ein weiteres Ziel besteht darin, die Chancen und Risiken solcher Plattformen gegeneinander abzuwiegen. Interessant erscheint es in diesem Zusammenhang auch einen Blick darauf zu werfen, welche Aspekte beim Aufbau eines eigenen Netzwerkes zu beachten sind. Des Weiteren wird der wissenschaftliche Austausch mithilfe sozialer Netzwerke kritisch zu hinterfragen sein. Auch eine Beurteilung aus ökonomischer Perspektive hinsichtlich des Innovativwertes beispielsweise für Wissenschaftsverlage wird sich anschließen. Zuletzt soll ein Ausblick auf zukünftige Entwicklungen geworfen werden.

In der Gesamtheit soll die Analyse einen differenzierten Standpunkt zur Thematik ermöglichen und unter anderem exemplarisch darstellen, ob und inwiefern das Web 2.0, Social Networks und Business-Plattformen für den wissenschaftlichen Austausch in Scientific Communities geeignet sind. Zudem gilt es zu untersuchen, inwiefern diese gegenwärtigen Entwicklungen sowohl an wissenschaftlichen, forschenden, kommunikativen, ökonomisch-verlegerischen und unternehmerischen Aspekten im Kontext der Scientific Communities gemessen und eingeordnet werden können.

.

1 Definitionsansatz und Charakteristik

Zu Beginn der Analyse soll der Termini der Scientific Community definiert werden. Eine Scientific Community bedeutet im Deutschen so viel wie Wissenschaftsgemeinde. Dieser Begriff impliziert „die Gemeinschaft der Wissenschaftler eines Fachs, die zum Beispiel durch die gemeinsame Lektüre bestimmter Publikationsorgane miteinander verbunden sind und die Entwicklungen ihrer Disziplin verfolgen"[2]. Ein starkes Band zwischen den Wissenschaftlern stellen der Konsens und die Kooperation hinsichtlich zu bearbeitender Probleme dar, wodurch sich die Scientific Community zu einem internationalen Netzwerk für wissenschaftliche Kommunikation und Interaktion hervorhebt.[3]

Als bedeutender Physiker und Mitglied einer Scientific Community versteht Albert Einstein diese als eine

> „Gruppe aller am aktuellen Diskurs (eines Faches) beteiligten Wissenschaftler. Dabei ist sie keine real konstituierte Größe, sondern meint im jeweiligen Zusammenhang zum Beispiel die Gruppe der deutschen Naturwissenschaftler oder auch die internationale Gemeinschaft der theoretischen Physiker. Zum Kommunikationsnetz der scientific community gehört [...] der wissenschaftliche Buchhandel mit seinen unterschiedlichen Publikationsformen sowie seiner personellen Struktur."[4]

Zentrales Ziel der Wissenschaftsgemeinschaften ist der wissenschaftliche Informationsaustausch. Sie verstehen sich als soziale Einheiten, die in der Zusammenarbeit mit anderen Mitgliedern sowohl für die Gewinnung, Bereitstellung, Übermittlung und Bewertung von wissenschaftlichen Informationen verantwortlich sind.[5]

An dieser Stelle wird erkennbar, dass das Wissen um Informationen in Scientific Communities durch einen unabhängigen und freiheitlichen Charakter geprägt ist. Weiterhin besteht ein rein akademisches Interesse an empirischen und rationalen Erkenntnissen. Der Gewinn von wissenschaftlichem Fortschritt und Innovationen durch objektive experimentelle Entscheidungen sowie die wissenschaftliche Qualitätssicherung stehen klar im Vordergrund. Die Kommunikation findet in einem universellen und internationalen Umfeld statt, bei dem insbesondere ökonomische Unparteilichkeit, eine apolitische Überzeugung und interpersonelle Verbindlichkeit großen Stellenwert erfährt. Zudem sind auch Wissenschaftler in Scientific Communities größtenteils oder komplett auszuschließen, die in unmittelbaren Diensten beziehungsweise mit konkreten Absichten für die Industrie oder das Militär forschen. Eine freie

---

[2] Behmel, Albrecht; Hartwig, Thomas: Student-online Lexikon 2011. URL: http://www.student-online.net/dictionary/action/view/Glossary/526f856a-b9e9-1028-9a84-00096b3f4e2e [letzter Zugriff: 11.03.2011].

[3] Vgl. Tuppy, Hans: „Scientific Community" und "Civil Society" 2001, S. 1 URL: http://www.oefg.at/text/veranstaltungen/wissenschaftstag/wissenschaftstag01/Beitrag_Tuppy.pdf [letzter Zugriff: 11.03.2011].

[4] Flautau, Elke: Albert Einstein als wissenschaftlicher Autor 2005, S. 7. URL: http://www.mpiwg-berlin.mpg.de/Preprints/P293.PDF [letzter Zugriff: 12.03.2011].

[5] Vgl. Meinel, Christoph (Hrsg.): Fachschrifttum, Bibliothek und Naturwissenschaft im 19. und 20. Jahrhundert. Wiesbaden: Harrassowitz Verl. 1997, S. 137.

Kommunikation oder wissenschaftlich objektive Publikation von Ergebnissen wäre in diesem Fall kaum oder gar nicht gewährleistet. Die kritische Prüfung eines Wissenschaftlers durch die Wissenschaftsgemeinde gehört zu einem wichtigen Kriterium, um in diese aufgenommen zu werden.[6]

Der Soziologe Derek Solla-Price charakterisiert die Abläufe innerhalb der Scientific Community und insbesondere den persönlichen Kontakt zwischen den Mitgliedern.

> [...] Sie besuchen Zentren, wo sie mit anderen Mitgliedern der gleichen Gruppe eine kurze Zeit zusammenarbeiten. Dann wandern sie zum nächsten Zentrum mit anderen Mitgliedern. Dann kehren sie zur Heimatbasis zurück, aber ihre Loyalität besteht zur Gruppe und nicht zur Institution [...]. Solche Gruppen bilden ein unsichtbares Kollegium, im gleichen Sinne wie jene Pioniere, die sich später zusammentaten, um 1660 die Royal Society zu gründen."[7]

Daraus lässt sich ableiten, dass auch das Umfeld beziehungsweise das Miteinander in Scientific Communities durch bestimmte Richtlinien geprägt wird. Bei wissenschaftlichen Entdeckungen müssen all diejenigen Kollegen informiert werden, die in Diskussionen über Erfahrungen berichten können oder Kritik äußern.

Ein respektvoller, loyaler und höflicher Umgang gehört zu den Normen, die im sozialen Umgang sowie in Diskussionen unter den Wissenschaftlern unbedingt eingehalten werden müssen. Auch gewisse hierarische Gefüge sind in Scientific Communities feststellbar. Eine Einhaltung der Regeln wird durch die Reaktionen der restlichen Mitglieder erzeugt.[8]

2 Scientific Communities in Zeiten der Online-Kommunikation

2.1 Das soziale Internet und web 2.0

Im heutigen Zeitalter der Online-Kommunikation stellt das Internet als soziales Medium die technisch-mediale Basis für den wissenschaftlichen und unternehmerischen Austausch dar.

Im Internet können sich Menschen finden und aktiv nach eigenen Interessen organisieren. Effektiven Nutzwert finden diese Interessensgemeinschaften insbesondere auf Freizeit-, beruflicher und politischer Ebene. Zudem ist es aufgrund der globalen Ausrichtung möglich, dass weltweite Kontakte geknüpft und somit kontinentale Grenzen überwunden werden können.[9]

Vor den kommunikativen Online-Errungenschaften, die durch das Internet und das Web 2.0 möglich wurden, gab es für Wissenschaftler nur sehr begrenzte Möglichkeiten sich global auszutauschen und für potentielle Gleichgesinnte auffindbar zu sein. Einzig die Kommunika-

---

[6] Vgl. Tuppy, Hans 2001, S. 2 ff.

[7] Solla-Price, Derek: Little Science, Big Science. Von der Studierstube zur Großforschung. Frankfurt am Main: Suhrkamp-Taschenbuch 1974, S. 96.

[8] Vgl. Meyenn, Karl (Hrsg.): Eine Entdeckung von ganz außerordentlicher Tragweite. Schrödingers Briefwechsel zur Wellenmechanik und zum Katzenparadoxon. Berlin. Heidelberg: Springer Verl. 2011, S. 379 f.

[9] Vgl. Kielholz, Annette: Online-Kommunikation. Heidelberg: Springer Verl. 2008, S. 58.

tion von E-Mail-Verteilerlisten und E-Mail basierten Usenet-Groups konnten in weitaus beschränkter Weise ähnliche Ergebnisse erzielen.[10]

Die heutige vernetzte Kommunikation ist mittlerweile unverzichtbar für eine effektive und innovative Forschungsarbeit in Wissenschaft und Bildung. Die wissenschaftliche computervermittelte Kommunikation kann als eine

> „Kommunikation, bei der mindestens zwei Individuen in einer nicht-face-to-face Situation durch die Anwendung eines oder mehrerer computerbasierter Hilfsmittel miteinander in Beziehung treten [, definiert werden und ist somit] insbesondere von face-to-face-Kommunikation abzugrenzen [...]."[11]

Ihren Gegenstandbereich findet sie sowohl in den Geisteswissenschaften wie beispielsweise in der Kommunikations- und Medienwissenschaft oder Soziologie, aber auch in den Natur- und Technikwissenschaften.

Insbesondere mit der Entwicklung des Webs 2.0, welches das Internet hinsichtlich nicht gekannter Anwendungsmöglichkeiten revolutionierte, konnte der Grundstein für eine schnelle und effiziente Online-Kommunikation zwischen Wissenschaftlern und Technikern gewährleistet werden. In diesem Wandel des Internets kann „von einer neuen Phase der Etablierung kollektiver Intelligenz"[12] gesprochen werden. Es liegt an den Usern, dieses Intelligenzkollektiv bestmöglich für den wissenschaftlichen Nutzen zu optimieren. Aktuell kann verzeichnet werden, dass eine Weiterentwicklung des klassischen Users hin „zum Mitgestalter eines universellen Wissensnetzwerkes"[13] stattfindet.

Durch die Bezeichnung des Verlegers Tim O`Reilly konnte sich der Termini des Webs 2.0 fest etablieren. Seinem Verlagshaus, dem O`Reilly Verlag, widerfährt eine enorme Popularisierung und wegweisende Bedeutung in der informationstechnologischen Branche, denn auch der verlegerische Schwerpunkt ist auf programmiertechnische Entwicklungen ausgelegt.[14]

2.2 Online-Communities

Zunächst sollte festgehalten werden, dass Community nicht gleich Community bedeutet. Zu unterscheiden sind die Online-Communities von Offline-Communities und auch die Erhebung zu einer Community bedarf einiger Kriterien. Im folgenden Kapitel soll der Schwerpunkt auf die Online-Communities gelegt werden, ohne jedoch dabei die Offline-Communities außer Acht zu lassen.

---

[10] Vgl. Leitner, Helmut: Online-Community, „Hands On"! In: Eigner, Christian [u.a.]: Online-Communities, Weblogs und die soziale Rückeroberung des Netzes. Graz: Nausner & Nausner 2003, S. 22.

[11] Köhler, Thomas: Das Selbst im Netz. Die Konstruktion sozialer Identitäten in der computervermittelten Kommunikation. Wiesbaden: Westdeutscher Verl. 2003, S. 179.

[12] Jörissen, Benjamin; Marotzki, Winfried: Neue Bildungskulturen im „Web 2.0": Artikulation, Partizipation, Syndikation. In: von Gross, Friederike; Marotzki, Winfried, Sander, Uwe: Internet – Bildung – Gemeinschaft. Wiesbaden: VS Verl. für Sozialwissenschaften 2008, S. 204.

[13] Ebd. S. 209.

[14] Vgl. ebd., S. 204 f.

Eine Online-Community kann als „eine Gemeinschaft von Menschen, die online [ ] über ein entsprechendes Internet-Kommunikationssystem [ ] in Kontakt kommen und zur Erreichung bestimmter Ziele kooperieren"[15]definiert werden. Die Community nimmt neben der Funktion als Medium auch den Zweck der Selbstdarstellung ein und erfährt damit einen Doppelcharakter. Folglich kann festgehalten werden, dass es sich um ein „soziales, intellektuelles [oder] geschäftliches Zusammentreffen von Menschen [handelt], die an der Begegnung selbst, an einer Sache [...] oder Projekt interessiert sind"[16]. Das Gemeinschaftsgefühl[17] erfährt eine entscheidende Rolle, bei dem es jedoch trotz gemeinschaftlichen Interaktionen zugleich einen normativ gefestigten Grundkonsens bedarf. Maßgeblich sind in diesem Zusammenhang eigene spezifische Regeln, Grundsätze, Normen, Ziele und Ausdrucksformen, die sich meist nach gemeinsamen inhaltlichen Kriterien entwickeln.[18]

Durch interaktive Möglichkeiten des Webs 2.0 ist ein Austausch zwischen Gleichgesinnten im Internet realisierbar. Dabei spielt es keine Rolle, wie exotisch sich die Interessengebiete der Nutzer gestalten. Aktuelle Beispiele für erfolgreiche Online-Communities sind *wikipedia.org* und *youtube.com*.[19]

Die Online-Enzyklopädie *wikipedia.org* basiert beispielsweise auf dem Prinzip von Wikis. Das bedeutet, dass Web-Seiten von Teilnehmern erstellt werden und potentiell jeder User sich an den Beiträgen beteiligen kann. So besteht die Möglichkeit Informationen zu ergänzen, zu überarbeiten oder Strukturen durch Links miteinander zu verbinden. Durch das Kooperieren und dem Verfolgen von gleichen Zielen entsteht ein Gemeinschaftsgefühl unter den Usern. Allerdings gerät dieses Prinzip immer wieder in Kritik, da es zu Fehlern durch Laienautoren oder Manipulationen kommen kann.

Einen Freizeitcharakter besitzt die Online-Video-Plattform *youtube.com*, auf der User beispielsweise Videos hochladen, bewerten und teilen können. Ebenfalls auf dem Freizeitcharakter basieren die Foto-Community *flickr.com* und die mit Avatars ausgestattete Online-Community *secondlife.com*.

2.2.1 Gemeinsamkeiten von On- und Offline Communities

In Gruppen steht die Interaktion klar im Vordergrund. Es muss, sei es eine On- oder Offline Community immer einen Austausch auf kommunikativer Ebene geben. Dieser kann medial

---

[15] Leitner, Helmut: Online-Community, „Hands On"! In: Eigner, Christian [u.a.] 2003, S. 17.
[16] Schneider, Ursula: Online-Community – neues Medium und/oder neue Sozialform? In: Eigner, Christian [u.a.]: Online-Communities, Weblogs und die soziale Rückeroberung des Netzes. Graz: Nausner & Nausner 2003, S. 102.
[17] Vgl. Kapitel 2.2.2
[18] Vgl. Schneider, Ursula: Online-Community – neues Medium und/oder neue Sozialform? In: Eigner, Christian [u.a.] 2003, S. 102 ff.
[19] Vgl. Kielholz, Annette 2008, S. 58.

oder direkt geschehen. Weiterhin spielen die Abgrenzung von anderen Menschen und die spezifische Struktur von Communities eine wichtige Rolle. Dies erfolgt durch charakteristische Ziele, Ansichten, Einschluss- und Ausschlusskriterien, Regeln oder Rituale.[20] Einen weiteren sehr wichtigen Punkt nimmt das Zusammengehörigkeitsgefühl in einer Gruppe ein. In diesem Zusammenhang gilt: „Je höher die Hürden, in eine Gruppe einzutreten, desto stärker ist der Zusammenhalt innerhalb der Gruppe."[21] Anhand des Identifikationsziels ist eine Einteilung in die *Common Bond Group*[22] sowie die *Common Identity Group*[23] möglich. Zu befürworten, wäre beispielsweise für die Erarbeitung von Zielen, Inhalten oder Programmen eine integrative und partizipative Linie innerhalb der Community zu verfolgen.

Außerdem ist der Effekt der Kollaboration festzustellen. Die Organisation in einer Gruppe löst im Menschen ein Zusammen- bzw. Zugehörigkeitsgefühl aus, welches innere Grundbedürfnisse wie beispielsweise Vertrauen und Nähe befriedigt. Allerdings kann nicht von einem Selbstzweck gesprochen werden, da durch Integration und Partizipation vieler User auch immer Ziele wie beispielsweise der globale Informationsaustausch in der Wissenschaft oder die Lösung von Problemen im Vordergrund stehen.[24]

Somit lässt sich resümieren, dass eine einfache Menschenansammlung keineswegs bereits eine Community bedeutet, denn dafür bedarf es den eben dargestellten Kriterien. Insbesondere Online-Communities weisen den Vorteil der lokalen und zeitlichen Unabhängigkeit auf, die durch technische Rahmenbedingungen des Internets realisierbar sind. Das Organisieren, Treffen und Kommunizieren in der Gruppe wird dadurch enorm erleichtert.[25]

2.2.2 Bildung und Eigenschaften von Online-Communities

Die Bildung von Gruppen wird durch das menschliche Grundbedürfnis der Menschen begünstigt, sich mit Menschen zu formieren, die ähnliche Interessen vertreten. Eine gemeinsame Basis verstärkt den Effekt der Zugehörigkeit und erleichtert eine Abgrenzung zur Umwelt. In der Online-Gruppenbildung wird dies durch einige Faktoren verstärkt. Beispielsweise durch soziale Medien, die das Treffen mit Menschen ermöglichen. Zudem birgt die systematische Themensuche im Internet den Vorteil, Menschen mit ähnlichen Interessen zu finden und zu kontaktieren. Nicht zuletzt die technische Infrastruktur des Internets ermöglicht ein unproblematisches Kommunizieren unter Gleichgesinnten.[26]

---

[20] Vgl. Kielholz, Annette 2008, S. 59 f.
[21] Kielholz, Annette 2008, S. 59.
[22] Die Identifikation erfolgt aufgrund sozialer Kontakte, demnach durch entsprechende Mitgliedern in der Gruppe.
[23] Eine gemeinsame Gruppenvision bewirkt die Identifikation.
[24] Vgl. Komus, Ayelt; Wauch, Franziska 2008, S. 146 f.
[25] Vgl. Kielholz, Annette 2008, S. 60.
[26] Ebd.

Kennzeichnend für das Wesen von Online-Communities ist das Verwenden einer veränderten Online-Sprache. Die digitale Sprache bezieht vielmehr non- und paraverbale Aspekte mit ein, da es sich schwierig gestaltet, online Emotionen zu zeigen. Zu diesem Zweck werden in der Regel grafische Hilfsmittel genutzt. Insbesondere Abkürzungen setzen sich in Online-Communities aufgrund schneller und effektiver Kommunikation durch. Hingegen tritt „die äußere Form [...] zugunsten der Effizienz in den Hintergrund"[27] und auch die Sprachpflege steht hinten an.[28]

Zudem muss auch der Aspekt der Selbstoffenbarung mit einbezogen werden, wenn die Eigenschaften von Online-Communities analysiert werden sollen. Die Anonymität des Internets animiert User, offener und enthemmter als im realen Leben zu agieren. Insbesondere dieser Fakt macht den virtuellen Raum so anziehend. In Folge dessen geben Nutzer oftmals viele private Details preis, was wiederum eine hohe Authentizität anderer Community-Mitglieder nach sich zieht. Beispielsweise sinkt so die Hemmschwelle für Unentschlossene ähnlich zu handeln. Positiv ist zu bewerten, dass dank Selbstverwirklichungsbedürfnissen auch die Bereitschaft zur Unterstützung anderer User und Online-Projekten steigt.[29]

Weiterhin lässt sich die Eigenschaft der operanten Konditionierung feststellen, denn die Verfügbarkeit von Online-Beiträgen ist potentiell für jeden User gegeben; kann gegebenenfalls bewertet oder kommentiert werden. Dadurch fühlen sich Nutzer animiert, sich aktiv in einer Online-Community zu engagieren. Damit verbunden sind auch intrinsische Motive. Die Nutzer entscheiden nach freien Stücken, wann, was und welche wissenschaftlichen Thematiken sie bearbeiten wollen. Sie stellen eigenes Fachwissen zur Diskussion, welches für alle anderen Nutzer zur Verfügung steht. [30]

Darüber hinaus können die User

> „ihre Wünsche nach Erweiterung des eigenen Wissens und nach Spaß an der Arbeit befriedigen. [...] Die Verwirklichung der eigenen Ziele und Motive sowie die Anerkennung in der Gemeinschaft (beispielsweise durch exzellente Artikel) führen auch dazu, dass die Nutzer sich intensiver an die [Online-Community] gebunden fühlen und damit weniger Austrittsgedanken hegen."[31]

Somit kann das Fazit gezogen werden, dass die Chancen der digitalen Welt eine internationale Wissensansammlung, dessen Austausch und zugleich enorme Vorteile für den Wissenschaftsbetrieb ermöglichen. Durch prosoziales Verhalten, den Drang zur Selbstverwirklichung und intrinsische Motivationen wird die Entwicklung von Online-Communities im Zeitalter des Webs 2.0 stark vorangetrieben und begünstigt.

---

[27] Kielholz, Annette 2008, S. 61.
[28] Vgl. ebd.
[29] Ebd.
[30] Vgl. Komus, Ayelt; Wauch, Franziska 2008, S. 149 f.
[31] Komus, Ayelt; Wauch, Franziska 2008, S. 149.

2.2.3 Mitgliedschaft

Um sich Akzeptanz in einer Online-Community zu erarbeiten, sollten die ersten Schritte genauso überlegt und respektvoll begangen werden, wie es auch im realen Leben der Fall wäre. Ebenso für die virtuelle Welt gilt, sich ein Profil beziehungsweise eine passende Identität zu zulegen. An dieser Stelle sollten soziale Kontakte gepflegt und aktiv an (Fach-) Diskussionen teilgenommen werden. Ein regelmäßiger Besuch der Community hilft, einen bleibenden positiven Eindruck bei den anderen Usern zu hinterlassen.[32] Darüber hinaus empfiehlt es sich, „erst einmal zu beobachten, mitzulesen, die Regeln kennen zu lernen [sowie zu beachten] und erfahrenen Mitgliedern Fragen zu stellen"[33]. Demnach sind die beidseitige Akzeptanz und der Respekt unverzichtbar, um in einer Online-Community für einen konstruktiven Dialog zu garantieren. Beispielsweise sollte dies aus unternehmerischer Sicht bei der Kommentierung, Kritikäußerung oder Einschätzung des eigenen Betriebes in der digitalen Öffentlichkeit unbedingt gewährleistet sein, um einen nur schwer wieder reparablen Imageschaden zu vermeiden.

3 Online-Netzwerke

Neben den Online-Communities stellen Online-Netzwerke eine weitere Kommunikationsart im Internet dar. Der Übergang zwischen beiden Formen ist allerdings fließend. In diesem Kapitel soll neben wissenschaftlichen Aspekten, vor allem aus unternehmerisch-ökonomischen Gesichtspunkten heraus untersucht werden, welche Möglichkeiten beispielsweise für Wissenschaftsverlage im Feld der Online-Kommunikation offen stehen. Aus diesem Grund gilt es insbesondere Business-Plattformen und Social Networks hinsichtlich ihrer Perspektiven in der wissenschaftlichen Online-Kommunikation zu analysieren.

Online-Netzwerke können als „die Summe aller Beziehungen, über die eine Person online (und offline [beziehungsweise im realen Leben]) verfügt und auf die sie zurückgreifen kann"[34], definiert werden. Sie grenzen sich somit vom Gruppencharakter einer Community ab. Ihre Verbreitung findet sich insbesondere in sozialen und beruflichen Bereichen wieder.

3.1 Business-Plattformen

Als ein repräsentatives Beispiel soll im Folgenden *xing.com* in die Riege der Business-Plattformen eingeordnet werden. In diesem Zusammenhang wird auf Funktionen, Anwendung-en und Vorteile einzugehen sein.

---

[32] Vgl. Kielholz, Annette 2008, S. 63 f.
[33] Kielholz, Annette 2008, S. 63.
[34] Ebd., S. 64.

Die, über zehn Millionen Mitglieder[35] zählende Plattform *xing.com*, ist speziell für den deutschsprachigen Raum ausgerichtet. Das Pendant im angelsächsischen Raum stellt *linkedin.com* dar. Die Nutzung soll berufliche Vorteile und Vernetzungen beispielsweise für Firmen, Akademiker oder Arbeitnehmer bringen. Diese Business-Plattform bietet eine Suchfunktion und die Möglichkeit interessante Kontakte einzuladen, hinzuzufügen und zu kontaktieren. Neben beruflichen Kontakten können bei *xing.com* zusätzlich private Kontakte und Kontakte dritten Grades visuell dargestellt werden. Diese Funktion befähigt andere User zu einem sofortigen Einblick weiterführender Kontaktdaten des Gegenübers. Insbesondere diese Tatsache

> „befriedigt nicht nur die persönliche Neugier der Mitglieder, sondern hilft auch bei der Pflege und dem Aufbau von Beziehungen, die geschäftlich nützlich sein können. Gerade die Möglichkeit zur Vernetzung von [lukrativen] Geschäftspartnern via persönliche Bekannte macht die Attraktivität solche Businessnetzwerke aus."[36]

Daran ist erkennbar, dass die Vernetzung durch Verlinkungen wesentlich effektiver vollzogen wird, als es in der realen Welt realisierbar wäre. Es können interessante Kontakte aus Online-Netzwerken in die reale Umwelt übernommen werden, denen wiederum eine Entwicklung zu geschäftsrelevanten Kontakten offen steht. Zusätzlich können bestimmte Themengruppen gegründet werden, die auch eine gruppenspezifische Kommunikation ermöglichen.[37]

3.1.1 Nutzen und Chancen

Die Forschungsergebnisse des aktuellen *SID/FIT Social Media Report 2010/11* verdeutlichen, dass Business-Plattformen ihren Platz in den Unternehmen gefunden haben. So geben 72 %[38] der führenden deutschen Wirtschaftskräfte an, *xing.com* für geschäftsrelevante Zwecke zu nutzen. Weiterhin erachten 81 %[39] *xing.com* als karrierefördernd und immerhin 48 %[40] planen in den nächsten zwölf Monaten unternehmerisch in Business- beziehungsweise in Social Media-Networks einzusteigen.

Diese Studie beweist, dass die Einsatzmöglichkeiten von Business-Netzwerken zunehmend steigen. Sie reichen von der geschäftlichen oder wissenschaftlich-akademischen Kontaktpflege bis hin zur Informationsrecherche für Firmen oder Bewerber beziehungsweise dem Finden von neuen Geschäftspartnern. Weiterhin erfüllen Business-Netzwerke den Zweck von

---

[35] Vgl. Investor Relations: Zahlen und Fakten 2011. URL: http://corporate.xing.com/deutsch/investor-relations/basisinformationen/ [letzter Zugriff 16.03.2011].
[36] Kielholz, Annette 2008, S. 64.
[37] Vgl. Komus, Ayelt; Wauch, Franziska 2008, S. 19 ff.
[38] Vgl. Fraunhofer-Institut für Angewandte Informationstechnik FIT: SID/FIT-Studie 2010, S. 5. URL: http://www.softwareinitiative.de/studien/SID-FITSocialMediaReport20102011.pdf [letzter Zugriff 16.03.2011].
[39] Ebd.
[40] Ebd., S. 13.

Erfahrungsaustausch, Expertenkritik oder dienen zur Ideenfindung von Projekten. Zudem ermöglichen sie eine effektive Bereitstellung von Experten Know-How, welches mithilfe von Netzwerkstrukturen methodisch miteinander verknüpft werden kann. Auch aus unternehmerischer Sicht gilt, vor dem Hintergrund eines transparenten Regelwerkes dieses Expertenwissen für eigene Projekte zu mobilisieren und zu partizipieren.[41]

Eine weitere Form der Kontaktaufrechterhaltung zu ehemaligen Mitarbeitern oder Firmenkontakten stellen Alumni-Netzwerke dar. Sie ermöglichen auch nach langer Zeit auf bestimmten Plattformen erneut Kontakt aufzunehmen und die Fähigkeiten des Alumnus für aktuelle Projekte des Unternehmens zu gewinnen.

Ein aktueller Trend zeigt, dass Firmen wie *Ebay Inc.* oder *Amazon.de* die Aktivität von Usern für kommerzielle Zwecke nutzen. Dabei wird das, von den Usern online bereitgestellte Wissen, für eigene unternehmerische Ziele genutzt. Bei ausreichend Transparenz wird dieses Modell Zukunftspotential bei den Betrieben haben und zugleich bei den Usern auf Akzeptanz stoßen.

3.1.2 Risiken

Trotz positiver Signale und Chancen bergen Online-Netzwerke auch einige Risiken, die im Umgang mit ihnen beachtet werden sollten. Dazu gehört beispielsweise im Bereich von Business-Plattformen

> „einerseits das gezielte Abwerben durch Dritte, das anhand der detaillierten Angaben im Lebenslauf [im Online-Profil] einer Person möglich ist. Andererseits die Möglichkeit, Profil-Informationen für Industriespionage zu verwenden, da interne Kontakte offen gelegt werden, Mail-Adressen oder Organisationsstrukturen eruiert werden können und das gezielte Profiling bestimmter Personen möglich wird."[42]

Daran ist erkennbar, wie viel Negativpotential zugleich in Online-Netzwerken versteckt ist. Da solche Vorgänge keine Seltenheit darstellen, haben sich mittlerweile schon Firmen auf diese Risikofaktoren in sozialen Netzwerken spezialisiert. Ein Beispiel dafür ist die Firma *Reputation Defender*. Sie verfolgt das Konzept, Imageschäden der eigenen Person beispielsweise durch üble Nachrede oder beabsichtigte Rufschädigung in Netzwerken zu entfernen, sofern eine Beauftragung vorliegt. Auch private, ungewollt und ohne Einwilligung ins Internet gestellte Fotos oder Filme können so zur Bereinigung der Außendarstellung gelöscht werden.[43]

Folglich ist es überaus bedeutsam genau darauf zu achten, wie viele und welche persönlichen oder beruflichen Daten auf Online-Plattformen angegeben werden. Weiterhin ist es sehr ratsam, regelmäßig Up-Dates und Qualitätskontrollen des eigenen Profils vorzunehmen, um die eigene Sicherheit im Internet zu erhöhen. Die methodische Suche nach personengebundenen Daten ist

---

[41] Vgl. Kielholz, Annette 2008, S. 65.
[42] Kielholz, Annette 2008, S. 65.
[43] Vgl. SERVIP Ltd.: Reputation Defender 2011. URL: http://www.reputation-defender.de/ [letzter Zugriff: 21.03.2011].

durch Suchmaschinen wie beispielsweise *yasni.de* ohne Weiteres durchführbar. Das kann gravierende Folgen für die Außendarstellung einer Person oder eines Unternehmens nach sich ziehen. Aktuelles Beispiel dafür ist sicher die Plagiatsaffäre um die Dissertationsarbeit Karl-Theodor zu Guttenbergs, die ihn nicht nur seinen wissenschaftlichen Doktortitel, sein Image als ehrlichen Politiker, sondern auch das Amt des deutschen Verteidigungsministers gekostet hat. Auch an dieser Stelle wurden Mängel an seiner Person beziehungsweise seiner Arbeit erst durch gezielte Internetsuchen ans Tageslicht gebracht.

Zudem ist vielen Internet-Usern nicht bewusst beziehungsweise sie nehmen es als Selbstverständlichkeit hin, dass eigene Einträge, Fotos oder Kommentare ein Abrufen dieser Inhalte für potentiell alle Internetnutzer über Jahre möglich ist. Darüber hinaus lassen sich mittels Online-Netzwerken auch sehr schnell Gegenhypes bewirken, die sich selbst für die Politik oder Wirtschaft als Gefahr herausstellen können. So geschehen, ist dies beispielsweise beim Bauprojekt *Stuttgart 21* am Stuttgarter Hauptbahnhof, bei dem sich über 100.000 Menschen im sozialen Netzwerk *facebook.com* in der gemeinnützigen Organisation *KEIN Stuttgart 21*[44] gegen das politische Vorhaben auflehnen.[45]

3.1.3. Kriterien zum Aufbau eines Netzwerkes für Unternehmen

Um ein Netzwerk auf kommerzieller Basis aufbauen zu wollen, bedarf es viel Werbung und Eigeninitiative, um Mitglieder für das eigene Konzept und die Plattform zu generieren. So könnten sich Verlage beispielsweise hohe Besucherzahlen und ihre ohnehin schon vorhandene eigene Internetpräsenz zu Nutze machen, um regelmäßige Besucher auch als Netzwerkmitglieder zu mobilisieren. Weiterhin ist für den Initiator zu beachten, dass rechtliche Rahmenbedingungen und die der Privatsphäre gewährleistet sind. Profildaten- und Informationen sowie vertrauliche Account-Daten müssen geprüften Qualitätskriterien entsprechen, um eventuellen Imageschäden der User entgegen zu wirken.[46]

Zweifelsohne sollte es auch Ziel des Unternehmens sein, gezielte Kontrollen vorzunehmen und den Dialog mit den Nutzern zu suchen. Eine gut organisierte Öffentlichkeitsarbeit und das Verfügen über Medienkompetenz müssen als Grundbausteine gegeben sein. Doch auch bei den Registrierten bedarf es dem Wissen um Gefahren von Datenraub und ungewollten Verknüpfungen. Niemand sollte sich der eigenen Kontrolle über seine Profildaten sicher sein.

---

[44]Vgl. Gemeinnützige Organisation: KEIN Stuttgart 21 2010. URL: http://www.facebook.com/pages/Jugendoffensive-gegen-Stuttgart-21/376579940799#!/keinstuttgart21?sk=info [letzter Zugriff: 23.03.2011].
[45] Kielholz, Annette 2008, S. 65.
[46] Vgl. Kielholz, Annette 2008, S. 70 ff.

3.2 Social Networks - Segen oder Fluch für wissenschaftliche Kommunikation?

Vor Diskussionsbeginn sollte der populäre Terminus der Social Networks definiert werden.

Soziale Netzwerke „sind Beziehungsgeflechte, die von Teilnehmern mit gleichen Interessen genutzt werden und über die diese persönliche Daten austauschen und Beziehungen zueinander herstellen und vertiefen"[47]. Neben beruflichen Netzwerken stehen insbesondere private Netzwerke wie beispielsweise *facebook.com* oder *studivz.net* im Vordergrund. Diese Netzwerke weisen einen globalen Charakter auf, welcher dennoch mit lokalen Funktionen der unmittelbaren Umwelt kombiniert wird.[48]

Für die wissenschaftliche Kommunikation zeigt sich *facebook.com* noch am Effektivsten, da das Netzwerk aufgrund der unterschiedlichen sprachlichen Varianten globaler ausgerichtet ist. Einzig mit der Angabe von expliziten universitären Lehrveranstaltungen und der Kommunikation in geschlossenen Gruppen kann *studivz.net* im wissenschaftlichen Nutzwert punkten. An dieser Stelle darf nicht vergessen werden, dass Studenten und das universitäre Netz bedeutende Zielgruppen für die Wissenschaft darstellen.

Die, für Wissenschaft sehr schnelle Kommunikation ist durch Instant-Messenger sowohl bei *facebook.com* und *studivz.net* möglich. Allerdings finden soziale Netzwerke eher im privaten Raum wie bei Freunden und Bekannten ihren Platz, als das sie für effektive und innovative wissenschaftliche Kommunikation in Scientific Communities von Nutzen wären. Deshalb ist für die wissenschaftliche Kommunikation in Scientific Communities, von diesen beiden sozialen Netzwerken wahrscheinlich keines wirklich geeignet. Zwecks Kommunikation für berufliche Zwecke erscheint der Nutzwert sozialer Netzwerke rentabler.

Hingegen steigt die Nutzung von Informations- und Kommunikationsmitteln in internationalen Wissenschaftsnetzen stetig. Dieses Netz muss unter den Kriterien der Qualitätssicherung und -auslese künftig weiterhin ausgebaut werden, um „dem gesamten Wissenschafts- und Bildungsbereich [, demnach] Hochschulen, Schulen, Bibliotheken, den Mitgliedern [von Scientific Communities], staatlichen Forschungseinrichtungen und Forschungseinrichtungen in der Wirtschaft"[49], den Zugang zu wissenschaftlichen Fachdatenbänken und Bibliographien zu ermöglichen. Zukünftig gilt es, Online-Plattformen zu kreieren, auf denen eine globale Verfügbarkeit und Nutzung sowie „die bisherige Aufgabenteilung zwischen den wissenschaftlichen Autoren und Lesern sowie den Fachverlagen, Fachbuchhandel, Fachbucheinrichtungen und wissenschaftlichen Bibliotheken"[50] neu gestaltet und organisiert

---

[47] IT Wissen. Das große Online-Lexikon für Informationstechnologie: Soziales Netzwerk 2011. URL: http://www.itwissen.info/definition/lexikon/Soziales-Netzwerk-social-network.html [letzter Zugriff: 22.03.2011].
[48] Vgl. Jörissen, Benjamin; Marotzki, Winfried: Neue Bildungskulturen im „Web 2.0": Artikulation, Partizipation, Syndikation. In: von Gross, Friedericke; Marotzki, Winfried, Sander, Uwe 2008, S. 216.
[49] Bundesministerium für Bildung, Wissenschaft, Forschung und Technologie, Referat Öffentlichkeitsarbeit (Hrsg.): Information als Rohstoff für Innovation. Programm der Bundesregierung 1996 -2000. Bonn 1996, S. 26.
[50] Ebd., S. 30.

wird. [51]

Ähnliche Ansätze verfolgt zum Beispiel das Netzwerk *G-RAIN*[52], welches auf Wissensmanagement ausgerichtet ist. Eigenes Wissen kann publiziert, ausgetauscht und im Expertennetzwerk diskutiert, vernetzt sowie bewertet werden. So kann wissenschaftliche Kommunikation noch effektiver und innovativer gestaltet werden. Ein ebenfalls wichtiger Vorteil der Nutzung von Netzwerken und dem Web 2.0 ist das Zurückgreifen auf entsprechende Datenbanken und das globale Versenden großer Datenmengen wie beispielsweise Texten, Grafiken, Ton, Bildern und Videosequenzen zwischen Wissenschaftlern.

Allerdings bieten soziale Netzwerke insbesondere für Verlage, eine gute Plattform zur Präsentation des eigenen unternehmerischen Profils oder der Präsentation von elektronischen Publikationen. So hat sich zum Beispiel der Berliner Wissenschaftsverlag *De Gruyter* neben der eigenen, eine Internetpräsenz bei *facebook.com* aufgebaut. Dort können beispielsweise Literaturneuerscheinungen, Links sowie Veranstaltungen angezeigt und zugleich für einen Diskussionsraum unter den Usern garantiert werden.[53]

3.3 Ausblicke in die Zukunft

Zukünftig wird es sehr wahrscheinlich, eine deutliche Vereinfachung im Umgang mit den Systemen geben. Das bedeutet, dass Plattformen fusionieren und dynamische Transfers von Daten zwischen den Netzwerken vornehmen werden, um den Nutzern die Bedienung zu erleichtern. Dies schließt auch die Problematik von Passwörtern mit ein. Künftig wird es aufgrund zu erwartender Fusionierungen nicht mehr nötig sein, für beispielsweise vier verschiedene Netzwerke auch vier Passwörter zu gebrauchen. Ein universell nutzbares Passwort ist die wahrscheinlichere Lösung. Zudem wird es auch eine Akzeptanzfrage bei den Nutzern sein, da diese in immer mehr Netzwerken gleichzeitig agieren und kommunizieren.[54]

Zudem ist zu erwarten, dass

> „[d]ie Zukunft [...] klar multimedial [sein wird], so wie sich das bereits heute auf flickr oder youtube zeigt. Es ist nahe liegend, dass auch Netzwerke wie [x]ing zukünftig ermöglichen werden, Podcasts oder Videosequenzen beim persönlichen Profil abzulegen, [zum Beispiel], um die eigenen Skills im Bereich Präsentation oder Rhetorik aufzuzeigen.“[55]

Definitiv werden Netzwerkanbieter vor der Aufgabe stehen, hohe Exklusivität mit Vertrauen sowie Akzeptanz zu kombinieren, um User an ihr Netzwerk zu binden und zugleich eine kommerziell erfolgreiche Marktstrategie für das Unternehmen zu verfolgen.

---

[51] Vgl. Bundesministerium für Bildung, Wissenschaft, Forschung und Technologie, Referat Öffentlichkeitsarbeit (Hrsg.) 1996, S. 26 ff.
[52] Vgl. TimeKontor AG: G-RAIN 2011. URL: http://www.g-rain.org/ [letzter Zugriff: 24.03.2011]
[53] Vgl. Walter de Gruyter GmbH & Co. KG: De Gruyter 2011. URL: http://www.facebook.com/degruyter.publishers#!/degruyter.publishers?sk=wall [letzter Zugriff: 24.03.2011].
[54] Vgl. Kielholz, Annette 2008, S. 67.
[55] Kielholz, Annette 2008, S. 67.

4 Synthese

Unter der Problemstellung „Gegenwärtige Entwicklungen in wissenschaftlichen Netzwerken – Eine Analyse von Scientific Communities im Zeitalter von Web 2.0, Social Networks und Business-Plattformen" erfolgte die wissenschaftliche Diskussion der Thematik.

In dieser Arbeit konnte die These bestätigt werden, dass sich Scientific Communities durch sehr spezifische Charakteristika sowie bestimmte Eintrittsregeln in die Wissenschaftsgemeinde von der Umwelt abgrenzen. Der innovative wissenschaftliche Informationsaustausch und die Qualitätssicherung der Forschungsarbeit kristallisieren sich als die prägnanten Ziele heraus. Insbesondere die Arbeit in Online-Communities ist durch feststehende Kriterien gestaltet, denn das dortige Miteinander steht und fällt mit einer funktionierenden Kooperation der einzelnen Mitglieder.

Es zeigte sich deutlich, dass das Web 2.0 für die wissenschaftliche Kommunikation durchaus einige Vorteile besitzt, denn eine schnelle und effektive digitale Datenverarbeitung und - bereitstellung sowie das Versenden und Empfangen von Bildern, Texten oder Videosequenzen bereichert und erleichtert die wissenschaftliche Forschungsarbeit. Definitiv übersteigt diese online-geprägte Alternative die klassischen Publikationsformen wie beispielsweise dem wissenschaftlichen Buch oder der Fachzeitschrift. Hingegen stellen sich elektronische Journale oder Fachdatenbanken nicht nur für Forscher in Scientific Communities, sondern auch für die Verleger und Rezipienten als innovativ heraus.

Insbesondere aus ökonomisch-unternehmerischer Sicht eröffnen Online-Netzwerke, seien es soziale Netzwerke wie *facebook.com* oder Business-Plattformen wie *xing.com* große Chancen. So besteht die Chance, neue interessante Geschäftspartner zu finden, die eigene Firma beziehungsweise das Produkt einem weltweiten Publikum zu präsentieren, berufliche sowie soziale Kontakte zu pflegen sowie nach persönlichen Vorstellungen direkt miteinander zu vernetzen.

Des Weiteren wurde ersichtlich, dass Verleger und Wissenschaftsverlage wie beispielsweise *De Gruyter* die Einsatzmöglichkeiten des Webs 2.0 und Online-Netzwerken optimal für ihre wissenschaftlich-publizierenden und geschäftlichen Zwecke nutzen können. Die ökonomischen Perspektiven sind groß; doch dürfen Risiken nicht außer Acht gelassen werden. Eventuelle Imageschäden aufgrund übler Nachrede sind keine Seltenheit. Dies muss unbedingt auch beim Aufbau eines eigenen Netzwerkes beachtet werden. Deshalb sollte in diesem Kontext kritisch angemerkt werden, dass Online-Netzwerke für den wissenschaftlichen Austausch, deswegen eine eher suboptimale Lösung darstellen. Demnach wird es zukünftig darauf ankommen, wissenschaftliche Netzwerke so zu entwickeln, dass Forschungsarbeiten und der Austausch in Scientific Communities mithilfe gezielter Qualitätskriterien innovativ stattfinden können.

5 Literaturverzeichnis

5.1 Verwendete Literatur

Bundesministerium für Bildung, Wissenschaft, Forschung und Technologie, Referat Öffentlichkeitsarbeit (Hrsg.): Information als Rohstoff für Innovation. Programm der Bundesregierung 1996 - 2000. Bonn 1996.

Jörissen, Benjamin; Marotzki, Winfried: Neue Bildungskulturen im „Web 2.0": Artikulation, Partizipation, Syndikation. In: von Gross, Friedericke; Marotzki, Winfried; Sander, Uwe: Internet – Bildung – Gemeinschaft. Wiesbaden: VS Verl. für Sozialwissenschaften 2008, S. 203–225.

Kielholz, Annette: Online-Kommunikation. Die Psychologie der neuen Medien für die Berufspraxis. Heidelberg: Springer Verl. 2008.

Köhler, Thomas: Das Selbst im Netz. Die Konstruktion sozialer Identitäten in der computervermittelten Kommunikation. Wiesbaden: Westdeutscher Verl. 2003.

Komus, Ayelt; Wauch, Franziska: Wikimanagement. Was Unternehmen von Social Software und Web 2.0 lernen können. München; Wien: Oldenbourg Wissenschaftsverl. 2008.

Leitner, Helmut: Online-Community, „Hands On"! In: Eigner, Christian [u.a.]: Online-Communities, Weblogs und die soziale Rückeroberung des Netzes. Graz: Nausner & Nausner 2003, S. 11–51.

Meinel, Christoph (Hrsg.): Fachschrifttum, Bibliothek und Naturwissenschaft im 19. und 20. Jahrhundert. Bd. 27. Wiesbaden: Harrassowitz Verl. 1997.

Meyenn, Karl (Hrsg.): Eine Entdeckung von ganz außerordentlicher Tragweite. Schrödingers Briefwechsel zur Wellenmechanik und zum Katzenparadoxon. Berlin; Heidelberg: Springer Verl. 2011.

Schneider, Ursula: Online-Community – neues Medium und/oder neue Sozialform? In: Eigner, Christian [u.a.]: Online-Communities, Weblogs und die soziale Rückeroberung des Netzes. Graz: Nausner & Nausner 2003, S. 95–114.

Solla-Price, Derek: Little Science, Big Science. Von der Studierstube zur Großforschung. Frankfurt am Main: Suhrkamp-Taschenbuch 1974.

5.2 Internetquellen

Behmel, Albrecht; Hartwig, Thomas: Student-online Lexikon 2011. URL: http://www.student-online.net/dictionary/action/view/Glossary/526f856a-b9e9-1028-9a84-00096b3f4e2e [letzter Zugriff: 11.03.2011].

Flautau, Elke: Albert Einstein als wissenschaftlicher Autor 2005. URL: http://www.mpiwg-berlin.mpg.de/Preprints/P293.PDF [letzter Zugriff: 12.03.2011].

Fraunhofer-Institut für Angewandte Informationstechnik FIT: SID/FIT-Studie 2010. URL: http://www.softwareinitiative.de/studien/SID-FITSocialMediaReport20102011.pdf [letzter Zugriff 16.03.2011].

Gemeinnützige Organisation: KEIN Stuttgart 21 2010. URL: http://www.facebook.com/pages/Jugendoffensive-gegen-Stuttgart-21/376579940799#!/keinstuttgart21?sk=info [letzter Zugriff: 23.03.2011].

Investor Relations: Zahlen und Fakten 2011. URL: http://corporate.xing.com/deutsch/investor-relations/basisinformationen/ [letzter Zugriff 16.03.2011].

IT Wissen. Das große Online-Lexikon für Informationstechnologie: Soziales Netzwerk 2011. URL: http://www.itwissen.info/definition/lexikon/Soziales-Netzwerk-social-network.html [letzter Zugriff: 22.03.2011].

SERVIP Ltd.: Reputation Defender 2011. URL: http://www.reputation-defender.de/ [letzter Zugriff: 21.03.2011].

TimeKontor AG: G-RAIN 2011. URL: http://www.g-rain.org/ [letzter Zugriff: 24.03.2011].

Tuppy, Hans: „Scientific Community" und "Civil Society" 2001. URL: http://www.oefg.at/text/veranstaltungen/wissenschaftstag/wissenschaftstag01/Beitrag_Tuppy.pdf [letzter Zugriff: 11.03.2011].

Walter de Gruyter GmbH & Co. KG: De Gruyter 2011. URL: http://www.facebook.com/degruyter.publishers#!/degruyter.publishers?sk=wall [letzter Zugriff: 24.03.2011].